마태복음
예수 그리스도의 제자

이광훈 지음

LIVING IN FAITH SERIES
MATTHEW

Writer: Kwanghoon Lee

Cover credit: © Theo Allofs/Getty Images

Cokesbury

Nashville

MANUFACTURED IN THE UNITED STATES OF AMERICA

차 례

제1과

의로운 사람

마태복음 1:18-25

1. 성경 이해

본문은 예수님의 탄생 과정에 있어서 요셉이 어떠한 역할을 하고 있는지 보여준다. 본문의 내용은 다음 네 가지로 구분될 수 있다.

(1) 요셉의 의로운 마음 (18-19절)
(2) 천사의 현몽 (20-21절)
(3) 구약성서 인용문 (22-23절)
(4) 요셉의 의로운 행동 (24-25절)

이러한 구분을 놓고 보면, 본문은 요셉의 의로움에 그 초점을 맞추고 있음을 알 수 있다.

요셉의 의로운 마음

요셉과 마리아는 약혼 관계에 있었다. 지금도 그렇지만, 당시 약혼 관계에 있는 남녀는 아직 몸을 맞대고 살지는 않았으나 사회적인 통념상 부부가 될 사이로 알려져 있었다. 관례적으로 약혼 상태에서 약 1년 정도 경과한 후, 여자가 남자의 집으로 옮겨감으로써 정식 부부가 되었다. 그런 상황에서 약혼녀 마리아가 임신한 것이 드러났으니 요셉의 입장에서는 보통 심각한 문제가 아니었다.

19절에서 마리아의 남편 요셉은 "의로운 사람"으로 불린다. 여기에서 "의로운"이라는 수식어는 율법의 의와 관련되어 있다. 즉 요셉은 평소에 하나님의 율법(계명)을 철저히 지키며 살았던 사람이었음을 암시한다. 그렇다면 요셉은 약혼녀의 불륜이 어떠한 처형을 받아야 할 죄목인지 그에 해당하는 율법의 규정을 익히 알고 있었을 것이다. 그것은 곧 돌로 쳐죽임을 당하는 형벌이었다 (신명기 22:13-30에 나오는 성적 순결 규례 참고). 하지만 요셉은 율법에 호소하기에 앞서 약혼녀에 대해 측은한 마음을 가졌다. 그 "측은한" 마음으로 마리아를 아무도 모르게 집으로 되돌려 보낼 심산이었다.

천사의 현몽

1:20에서 본문은 하나의 전환점을 보여준다. 요셉의 꿈에 "주의 사자" (an angel of the Lord), 곧 천사가 나타나서 그에게 엄청난 소식을 전했다. 분명히 그 소식은 요셉에게 있어서 약혼녀 마리아가 임신한 사실을 알았을 때 받았던 충격보다 더했는지도 모른다. 천사가 전한 소식의 내용을 다음 세 가지로 요약할 수 있다.

첫째, 요셉 자신의 정체를 상기시키고 있다: "다윗의 자손 요셉아"—요셉이 다윗 왕가의 자손임을 알린다. 그렇게 함으로써 마리아의 몸에서 태어날 아들이 곧 다윗의 후손임을 밝힌다. 중요한 것은 이 일은 생물학적 방식이 아니라 전적인 하나님의 간섭(성령)으로 이루어진 것이라는 사실이다.

둘째, 요셉의 마음에 평안을 주고 있다: "네 아내 마리아 데려오기를 무서워하지 말라"—요셉은 마리아와 혼인함으로써 모세의 율법 조항을 어기는 것을 두려워했다. 하지만 마리아가 수태한 것은 모세에게 율법을 주신 하나님이 행하신 일이기 때문에 더 이상 두려워할 필요가 없다는 것이다.

셋째, 태어날 아기의 이름을 전하고 있다: "아들을 낳으리니 이름을 예수라 하라 이는 그가 자기 백성을 그들의 죄에게 구원할 자이심이라"—사실 "예수"라는 이름은 유대인들에게 전혀 생소한 이름이 아니었다. "예수"는 히브리어 이름인 "여호수아"(Joshua: "하나님이 구원하신다"는 뜻)의 그리스어 표기이기 때문이다.

아마 요셉에게 있어서 천사의 현몽을 통해서 듣게 된 소식 가운데 가장 놀라운 것은 마리아의 몸에서 아들이 태어날 것이며, 또한 그 아들이 구원자, 곧 "예수"라는 이름으로 불릴 것이라는 소식이었을 것이다.

구약성서 인용문

마태복음서 기자는 "예수"라는 이름이 갖는 중요성을 한층 부각시키기 위해 이사야 7:14를 인용하여 또 다른 이름 하나를 제시한다. 그 이름은 곧 "임마누엘"이다. (Emmanuel은 "하나님이 우리와 함께 계시다"는 뜻이다.) 마태복음서 안에는 구약성서 (특별히 이사야) 예언의 성취를 보여주는 인용문들이 곳곳에 나오는데 (마태복음 2:15, 17, 23; 4:14-16; 8:17; 12:17-21; 13:14-15; 21:4-5), 이 인용문들은 예수님의 생애 가운데 발생한 중요한 사건들이 구약성서 예언의 성취임을 보여준다. 초기 기독교인들(특히 구약성서를 알고 있는 유대인 기독교인들)은 예수 그리스도께서 세상에 오셔서 행한 모든 일들을 구약성경의 빛에서 조명하여 그 예언의 말씀들을 새롭게 해석하였다. 그런데 그러한 해석은 자기 임의대로 한 것이 아니라, 예수님 안에서 새로운 구원의 역사를 이루신 하나님께 대한 믿음을 바탕으로 한 것이라는데 유념해야 한다.

요셉의 의로운 행동

이제 잠에서 깨어난 요셉은 결단을 내려야만 했다. 물론 도저히 마음에 믿기지 않는다면 천사의 현몽을 무시할 수도 있었다. 하지만 요셉은 조금도 의심하지 않고 천사의 말을 그대로 믿었다. 마음으로만 믿고 끝난 것이 아니라, 그 믿는 바를 순종하여 행함으로 실증하였다.

요셉은 "주의 사자의 분부대로" 다음 세 가지 일을 실천에 옮겼다. 첫째, 마리아를 아내로 삼는 일에 조금도 주저하지 않았다. 마리아가 수태한 것은 순전히 하나님의 간섭으로 된 일임을 확신했다. 그래서 자신 있게 마리아를 아내로 삼음으로써 율법을 어기는 것은 아닐까하는 두려움에서 벗어났다. 둘째, 아내가 해산할 때까지 동침하지 않았다. 이것은 하나님의 아들, 구원자 예수를 수태하고 있는 마리아의 몸을 성결케 하려는 요셉의 신중한 배려였다. 셋째, 천사의 지시대로 아들의 이름을 "예수"라 하였다. 요셉은 장차 마리아의 몸에서 태어날 아기가 백성들을 죄로부터 구원할 자가 될 것이라는 사실을 그대로 믿고 아기가 태어난 지 8일째 되는 날, "예수"라 이름 짓고 할례를 행하였다 (누가복음 2:21).

2. 생활 속의 이야기

약혼녀 마리아에 대한 요셉의 마음씀씀이는 우리에게 많은 도전을 준다. 요셉은 율법의 조항을 걸고 약혼녀의 수치를 만천하에 공개하여 죽음의 형벌을 받게 할 수도 있었다. 사실 그렇게 한다고 해도 그에게 손가락질 할 사람은 하나도 없었다. 요셉이 의로운 마음으로 약혼녀를 조용히 돌려보내려 했던 처사는 그가 약혼녀를 정죄하지 않고 그 허물을 덮어주려고 결심했기에 가능한 일이었다. 더구나 이러한 결심은 천사가 꿈에 나타나 전해준 모든 말들을 듣기 전에 이루어졌다. 그러기에 더욱 감동적이다.

우리는 각박한 이민생활 속에서 나도 모르는 사이에 좁아진 마음으로 살 때가 있다. 아무 것도 아닌 일인데도 다른 사람들에게 좀처럼 관용을 베풀지 못할 때가 있다. 우리가 이 넓은 미국 땅에서 좁은 마음으로 살아서야 되겠는가? 아무리 좁은 곳에서 산다고 하더라도 마음이 넓은 사람은 넉넉하게 사는 것이요, 아무리 넓은 곳이라도 마음이 좁은 사람은 갇혀서 사는 것이다.

3. 묵상을 위한 질문

(1) 나는 어떤 경우에 마음이 좁아지는가? 나는 어느 정도까지 관용을 베풀 수 있을까?

(2) 나는 행동하는 의인으로 자처할 수 있는가? 나는 얼마나 자주 선행을 실천하고 있는가?

4. 결단에의 초청

요셉은 천사의 말을 듣고 그의 모든 분부를 따라 행함으로써, 마침내 율법의 족쇄(足鎖)에서 벗어나게 되었습니다. 더 이상 율법으로 인하여 마음에 두려움을 가질 필요가 없게 되었습니다. 진정한 의는 율법의 규칙을 따름으로써 얻는 것이 아니라, 하나님이 열어 가시는 새로운 길을 믿음으로 순종하여 걸어감으로써 얻는 것임을 깨달아야 합니다.

따라서 요셉의 의는 단순히 그의 마음씀씀이에서만 드러나지 않았습니다. 그는 자신이 믿는 바를 실천함으로써 진정한 의인이 되었습니다. 한마디로, 요셉은 행동하는 의인이었습니다.

우리도 마음에 품고 있는 것을 실천하는 의인이 됩시다. 마음으로 믿고 입술로 시인하는 바를 언제든지 행동으로 옮깁시다. 그래서 일만 마디 방언보다 선하고 의로운 사랑의 실천 하나가 더 값진 것임을 입증해 봅시다. 제자는 마음에 품고 있는 의를 몸으로 실천하며 사는 행동하는 의인임을 명심합시다!

제2과

시험을 이기는 사람

마태복음 4:1-11

1. 성경 이해

본문은 예수님이 공생애 초기에 마귀에게 시험을 받으신 사건에 대한 기록이다. 본문의 내용은 네 부분으로 구성되어 있다.

(1) 시험을 위한 준비 (1-2절)
(2) 첫 번째 시험 (3-4절)
(3) 두 번째 시험 (5-7절)
(4) 세 번째 시험 (8-11절)

시험을 위한 준비

예수님은 "성령에게 이끌리어" 마귀에게 시험을 받으러 광야로 가셨다. 그러므로 예수님이 마귀에게 시험을 받으신 일은 우연히 발생한 일도 아니었고, 또한 마음을 놓고 있다가 일방적으로 마귀에게 시험을 당한 것도 아니었다. 도리어 그것은 하나님의 계획 속에 일어난 일이었다.

"광야"는 그 당시 악한 영들의 거주지로 알려져 있었다. 예수님이 "성령에게 이끌리어" 광야로 들어가자마자 곧장 마귀의 시험을 받으신 것은 아니다. 예수님은 그 곳에서

40일 동안 금식을 하셨다. 그리고 난 후, 마귀에게 시험을 받으셨다. 결과적으로 광야에서의 40일 금식을 통해 예수님은 마귀와 맞닥뜨릴 준비를 하신 것이다.

첫 번째 시험

"시험하는 자"(tempter)가 예수님을 시험한 첫 번째 시험은 "돌들을 명하여 떡이 되게 하라"는 것이었다. 마귀는 언제든지 약점을 노린다. 예수님이 40일 금식하신 것을 알았던 마귀는 이렇게 먹을거리로 시험한 것이다.

돌을 떡으로 만드는 일은 온 인류를 구원하기 위해 세상에 오셨고, 이제 그 때가 되어 하나님 나라의 사역을 시작한 예수님 자신에게 있어서 전혀 무가치한 일이었다. 이 시험을 통해서 마귀가 노린 것은 분명하다. 그것은 예수님으로 하여금 사역의 본질을 벗어나게 하려는 것이다. 자신의 육신적인 이득을 위해 신적(神的)인 능력을 행사하게 함으로써 대인류 구원 사역에 집중된 예수님의 영성에 흠집을 내게 하려는 것이다.

예수님은 신명기의 말씀을 인용하여 마귀의 첫째 시험을 물리치셨다: "…사람이 떡으로만 살 것이 아니요 하나님의 입으로부터 나오는 모든 말씀으로 살 것이라" (신명기 8:3). 이 말씀은 사람이 살아가는데 필요한 양식(떡)을 위하여 관심을 기울이는 것이 잘못되었다는 것을 가리키는 것이 아니라, 사람은 영적인 존재이기 때문에 반드시 하나님의 말씀으로 살아야 한다는 것을 가리킨다. 이로써 예수님 사역의 우선적인 목표는 육신적인 필요를 채우는 일(떡—일시적임)이 아니라, 영적인 필요를 채우는 일(하나님의 말씀—영구적임)이라는 점을 알 수 있다.

두 번째 시험

마귀의 두 번째 시험은 예수님을 거룩한 성, 곧 예루살렘의 성전 꼭대기로 데려가서 "…뛰어내리라 기록되었으되 그가 너를 위하여 그의 사자들을 명하시리니 그들이 손으로 너를 받들어 발이 돌에 부딪치지 않게 하리로다"고 말한다. 마귀도 하나님의 말씀(시편 91:11-12)을 인용하고 있는데, 이로써 마귀는 첫 번째 시험에 대한 예수님의 대답을 맞받아치고 있는 것이다. 즉 사람이 하나님의 입으로 나오는 모든 말씀으로 살아야 한다면, 예수님 자신이 한번 시편 91:11-12에 기록된 말씀대로 사는지 아닌지 입증해 보이라는 것이다.

이 두 번째 시험을 통해서 마귀가 노리는 것은 하나님의 말씀에 대한 의심을 불러일으키려는 것이다. 성경에 기록된 하나님의 말씀이 실제적인 효력이 있는지 없는지 의도적으로 실험하는 행위는 하나님을 의심하는 마음에서 나오는 것이다. 예수님은 마귀에게 신명기의 말씀을 인용하여 "…주 너의 하나님을 시험하지 말라"는 말로 응수하신다 (신명기 6:16). 상황을 조작하여 스스로 위험을 초래하면서 하나님의 기적을 요청하는 행위는 하나님을 시험하는 일이다. 하나님은 그 어느 누구에게도, 그것도 불순한 의도로 명령을 받거나 심문을 받는 분이 아니시다.

세 번째 시험

마귀의 시험은 계속된다. 마귀는 이제 예수님을 지극히 높은 산으로 데리고 가서 천하만국과 그 영광을 보이며 "만일 내게 엎드려 경배하면 이 모든 것을 네게 주리라"고 말한다. 드디어 마귀의 속셈이 드러난다.

이 세 번째 시험에서 마귀가 노리는 것은 예수님으로 하여금 십자가 고난의 길을 거부하고 세상 영광을 얻도록 하려는 것이다. 하지만 예수님은 절대로 마귀 앞에 엎드려 절함으로써 천하만국의 영광을 받으실 분이 아니시다. 도리어 자신이 버림받고, 고난을 당하고, 죽으심으로 영광을 받으실 분이시다.

예수님은 이 세 번째 시험을 "주 너의 하나님께 경배하고 다만 그를 섬기라"(신명기 6:13 참조)는 신명기의 말씀을 인용하여 물리치셨는데, 그 말씀을 하기 직전에 "사탄아 물러가라"고 단호하게 마귀를 호통치셨다. 이 호통은 예수님의 십자가 고난의 길을 가로막고 나선 베드로를 향한 책망과 동일하다 (16:23, "…사탄아 내 뒤로 물러가라 너는 나를 넘어지게 하는 자로다"). 예수께서 하신 명령에 마귀는 꼼짝없이 물러가고 천사들이 나아와 예수님을 수종든다. 이 광경은 예수님이야말로 천사들도 흠모하고 경배해야할 천하만국의 주님이심을 보여준다.

2. 생활 속의 이야기

끈질긴 시험

미국의 몇몇 도시에서 예수님의 일생을 간추려 음악으로 극(Musical Drama)을 공연하는 "프라미스" (The Promise) 라는 이름의 팀이 있다. 2시간 30분이 넘도록 예수님의 탄생부터 부활•승천까지의 중요한 사건을 공연하는데, 대부분의 관중들은 예수님 역을 맡은 배우가 마지막으로 승천하는 모습을 연기할 때 열광한다.

그런데 그 공연 가운데 가장 인상 깊은 것은 검정색 옷을 입고 등장하는 마귀의 행보(行步)이다. 마귀는 예수님이 십자가에 못 박힌 현장까지 한 번도 물러가지 않고 집요하게 따라다닌다. 때로는 비웃는 모습으로, 때로는 화난 모습으로, 때로는 소름 끼칠 만큼 무서운 모습으로 예수님 주변을 계속 맴돈다. 이 마귀의 행보가 보여주는 것은 바로 하나님의 아들, 예수님이 마귀에게 끈질기게 시험을 당하셨다는 점일 것이다.

마귀의 시험은 끈질긴 것이 그 특징이다. 마귀는 우리의 약점을 너무 잘 알기에 그 약점을 계속 물고 늘어진다. 그러기에 한두 번 시험을 이겼다고 마음을 놓아서는 안 된다. 마귀의 시험은 유혹으로부터 온다. 예수님이 당한 시험 하나 하나가 다 유혹이 아니었던가! 우리 주변에는 유혹거리들이 깔려 있다. 물질의 유혹, 쾌락의 유혹, 명예의 유혹, 탐심의 유혹, 권력의 유혹 등등. 나의 힘으로는 이 모든 유혹을 절대로 물리칠 수 없다. 오직 하나님의 말씀으로 무장할 때에만 모든 종류의 유혹으로부터 오는 마귀의 시험을 물리칠 수 있다.

3. 묵상을 위한 질문

(1) 최근에 당한 시험이 있는가? 나는 시험이 올 때, 어떤 방법으로 물리치는가?

(2) 예수님의 참된 제자가 되는 길은 무엇이라 생각하는가? 나는 십자가(고난)를 지기보다 영광(칭송)을 받는 일에 더 많은 관심을 기울이고 있지 않은가?

4. 결단에의 초청

마귀가 예수님을 시험한 주된 목적은 십자가 고난의 길을 가지 못하게 하기 위함이었습니다. 마귀는 다음과 같은 생각으로 예수님을 시험했을 것입니다. "당신(예수님)은 하나님의 아들이지 않은가? 하나님의 아들이 도대체 못할 일이 무엇이란 말인가? 장차 죄인들을 대신하여 당할 십자가의 고통과 죽음 없이도 나에게 절만 하면 당장 이 세상 나라의 영광을 받을 수 있는데 굳이 사서 고생을 할 필요가 있는가?" 이것은 고난의 길을 가려 작정하신 예수님을 가로막는 생각이었습니다.

예수님은 제자들에게 "누구든지 나를 따라오려거든 자기를 부인하고 자기 십자가를 지고 나를 따를 것이니라"(16:24)고 말씀하셨습니다. 자기를 부인하고 십자가를 지는 길은 고난의 길입니다. 우리가 진정 예수님의 제자들이라면, 이 고난의 길을 걸어가야만 합니다. 그래서 예수 그리스도의 남은 고난에 참여해야만 합니다. 예수님은 영광받기 전에 고난을 받으셨습니다.

고난 없이 영광을 받으려 하지 맙시다. 희생의 대가 없이 축복의 열매를 얻으려 하지 맙시다. 마귀는 언제나 그것을 노립니다. 끈질긴 마귀의 시험을 이겨내기는 제자가 되려고 노력합시다!

제3과

복 있는 사람

마태복음 5:1－12

1. 성경 이해

본문은 예수님의 산상수훈 (마태복음 5:1—7:29) 가운데 서두를 장식하는 팔복(八福)의 교훈이다.

(1) 심령이 가난한 자의 복 (3절),
마음이 청결한 자의 복 (8절)
(2) 애통하는 자의 복 (4절),
긍휼히 여기는 자의 복 (7절)
(3) 온유한 자의 복 (5절),
화평케 하는 자의 복 (9절)
(4) 의에 주리고 목마른 자의 복 (6절),
의를 위하여 핍박을 받는 자의 복 (10절)

심령이 가난한 자, 마음이 청결한 자

"심령이 가난한 자"와 "마음이 청결한 자"는 동일 부류의 사람이다. 심령이 가난한 자는 영적으로 갈급함 속에서 살아간다. 한 마디로, 영적인 거지라고 말할 수 있다. 하나님의 은혜와 자비를 구걸하는 사람인 것이다. 또한 심령이 가난한 자는 세상적인 탐욕의 그릇을 비운 사람이다. 자신의 심령을 하나님을 향한 경건함의 욕구로 채운 사람이다. 사실, 개인의 심령은 하나님의 것이 아닌 세상의 것으로 채워진 까닭에 삶이 더러운 것이다.

그러기에 심령을 깨끗이 비운 사람의 마음은 청결하다. 여기에서 마음의 청결은 마음에 악이 없는 상태로써, 무엇보다 마음의 "정직"과 "진실"을 가리킨다. 이렇게 가난한 심령, 청결한 마음의 사람에게 하나님은 복을 내리신다. 천국을 소유하게 하시고, 하나님 자신을 볼 수 있게 하신다. 결국, 늘 하나님과 교제하는 복을 받는 사람이 된다. 이것이 곧 가난한 심령에 임하는 천국의 복이다.

애통하는 자, 긍휼히 여기는 자

애통하는 사람과 긍휼히 여기는 사람도 상통(相通)하는 데가 있다. 애통하는 것은 단지 감상적인 차원에서 슬피 우는 것이 아니다. 자신의 신세가 서글퍼서 한탄의 눈물을 흘리는 것이 아니다. 자기중심적 울음이 아닌 것이다. 도리어 이 세상에 존재하는 악으로 인한 고통을 수반하는 탄식의 울음을 가리킨다. 이것은 마치 타락한 유대 민족의 죄를 보며 "어찌하면 내 머리는 물이 되고 내 눈은 눈물 근원이 될꼬 죽임을 당한 딸 내 백성을 위하여 주야로 울리로다" (예레미야 9:1) 하며 탄식의 눈물을 흘렸던 예레미야 선지자의 애통함을 연상케 한다.

자신의 죄는 물론이요, 다른 사람의 죄를 보고 가슴 아파 슬피 우는 사람의 마음에 긍휼이 없을 수 없다. 쉽게 말해 불쌍한 생각이 들기에 우는 것이 아니겠는가? 따라서 애통하는 사람은 긍휼히 여기는 사람이요, 긍휼히 여기는 사람이 곧 애통하는 사람이 될 수 있다.

본래 "긍휼"(mercy, "자비", "인애")의 마음은 하나님의 마음이다. 하나님은 죄를 범한 이스라엘 백성을 공의로 심판하셨지만, 근본적으로 그들을 불쌍히 여기셨기에 끝내는 사랑으로 회복시켜 주셨다. 긍휼의 마음은 하나님의 마음이기에 하나님은 우리가 긍휼의 마음을 갖기를 원하신다 ("나는 인애를 원하고 제사를 원하지 아니하며…" 호세아 6:6 참조). 애통하는 사람, 긍휼히 여기는 사람에게 하나님은 각각 복을 내리신다. 다른 사람을 불쌍히 여김으로 가슴이 시리도록 슬피 우는 사람에게 하나님의 위로와 긍휼히 여김을 받는 복이 임한다.

온유한 자, 화평케 하는 자

온유한 사람과 화평케 하는 사람도 유사한 데가 있다. 그것은 온유가 있는 곳에 화평이 있고, 반대로 교만이 있는 곳에 불화(不和)가 있기 때문이다 (잠언 13:10, "교만에서는 다툼만 일어날 뿐이라"). 예수님은 온유한 사람의 복을 말씀하실 때, "온유한 자들은 땅을 차지하며 풍성한 화평으로 즐거워하리로다"라는 시편 37:11의 말씀을 염두에 두신 것 같다. 온유한 사람에게는 땅을 기업으로 받는 복이 주어진다. 여기에서 땅을 차지한다는 것은 장차 하나님의 통치로 새롭게 될 세상에서 누릴 기업의 상급을 말한다 (마태복음 19:28).

"온유"(meekness)가 수동적인 의미에서의 소심함을 가리키지 않듯이 화평케 하는 일, 곧 "평화를 만드는 사람"(peacemaker)의 일이 소극적일 수 없다. 화해와 일치를 위해 불화의 현장에 적극적으로 뛰어든다. 하나님은 이렇게 적극적으로 평화를 만드는 사람에게 하나님의 자녀로

일컬어지는 복을 내리신다. 여기에서 "하나님의 자녀"라는 칭호는 단지 개인적인 신분의 문제와 관련되기보다 장차 주님의 나라에 들어가 영원한 기업을 상속받을 하나님의 참된 자녀가 누리는 종말론적인 성취와 관련되어 있다(호세아 1:10 참조).

의에 주리고 목마른 자, 의를 위하여 핍박받는 자

의에 주리고 목마른 사람과 의를 위하여 핍박받는 사람도 동일 선상(線上)에서 생각해 볼 수 있다. 의를 갈망하기에 의를 위하여 기꺼이 고난 받는 자리에 들어설 수 있지 않겠는가! 여기에서 "의"(righteousness)는 개인적 윤리의 덕목이라기보다는 사회적 윤리의 덕목으로 이해해야 한다. 즉 사회 정의(social justice)와 관련되어 있는 것이다. 예나 지금이나 권력을 남용하여 약자의 권리를 빼앗는 일이 얼마나 많이 일어나고 있는가? 사회 정의 실현을 위해 일하는 사람은 당연히 이러한 권력과의 대결을 각오해야 한다. 하지만 기득권자들의 횡포와 맞서는 일이 어디 쉬운 일이겠는가? 유형, 무형의 핍박과 환난을 겪을 수밖에 없는 것이다.

이렇게 의에 주리고 목말라 기꺼이 의를 위해 핍박을 받는 사람(여기서부터 "의인"으로 칭함)은 공의를 사랑하시는 하나님으로 인하여 만족함을 누리게 된다. 언제든지 약자의 편이신 하나님이 약자를 위해 자신을 희생하는 "의인"을 모른 척 하실 리 없다. 의로우신 하나님의 지혜와 힘이 그 "의인"에게 채워질 것이다. 아울러 심령이 가난한 사람이 받는 복, 곧 천국 소유의 복을 똑같이 받아 누리게 될 것이다.

2. 생활 속의 이야기

가짜 복, 진짜 복

예수 그리스도의 제자는 세상 사람들이 얻기를 바라는 복을 따라 사는 사람이 아니다. 세상 사람들이 추구하는 복은 거의 다 유형(물질)의 복이다. 무엇보다도 물질적인 부요를 복의 척도로 삼고 있다.

이민생활에서 자칫 잘못하면 물질적인 부의 축적을 삶의 목표로 삼기 쉽다. 돈을 버는 일에 지나치게 몰두하다 보니 진짜 소중한 것들을 잃어버리는 예가 얼마나 많은가! 참 행복의 가치를 "존재"에 두지 않고 "소유"에만 두고 산다면, 결과적으로 그 삶이 허망하게 종국을 맞이하게 된다. 그런 점에서 물질(유형)의 복은 가짜 복이다.

예수님이 말씀하시는 복은 유형의 복이 아니다. 그것은 땅에 속한 복이 아니라 하늘에 속한 복이다. 예수님이 가르치신 팔복 모두가 영혼이 누릴 복이다. 중요한 것은 영혼이 누리는 이 팔복이야말로 진짜 복이라는 사실이다. 진짜 복은 결코 풍부한 소유에 있지 않다.

이런 이야기가 있다. 이 세상의 많은 것을 가졌으면서도 결코 행복하지 않았던 왕이 있었다. 왕은 어떻게 하면 행복해질 수 있는지 유명한 스승에게 고민을 털어놓았다. 왕의 고민을 듣고 난 스승은 이렇게 대답했다. "그야 간단하죠. 세상에서 가장 행복한 사람의 속옷을 입으시면 됩니다." 그래서 왕은 세상에서 가장 행복한 사람의 속옷을 가져오라고 명령했다. 신하들은 각자 세상에 나가 유명한 장군, 학자, 부자 등을 만났지만 어느 누구도 자신이 세상에서 행복하다고 생각하지 않았다.

계속해서 행복한 사람을 찾아 헤매던 한 신하가 어느 날 밤, 피곤에 지쳐 강을 걷고 있을 때 그의 귓가에 아주 아름다운 피리 소리가 들려왔다. 그는 피리 부는 사람에게 다가가 물었다. "당신의 피리 소리는 아주 행복하게 들립니다. 당신의 마음도 그렇게 행복합니까?" "그럼요. 나는 세상에서 가장 행복합니다." 신하는 크게 기뻐하며 말했다. "당신의 속옷을 내게 파시오. 돈은 얼마든지 주겠소."

그런데 그 사람의 대답은 신하를 무척 실망하게 했다. "당신은 지금 어두워서 보이지 않을지 모르지만 나는 지금 아무 것도 입고 있지 않소. 어제 내 앞을 지나가던 불쌍한 거지에게 마지막 남은 속옷을 적선하고 말았다오."

그렇다! 진짜 복은 많은 것을 소유하는 데서 오는 것이 아니다.

3. 묵상을 위한 질문

(1) 지금까지 내가 받은 복이 무엇인지 열거해 보라. 나는 진짜 복 받은 사람이라고 생각하는가?

(2) 소위 일컫는, "기복신앙"의 문제는 무엇인가?

(3) 나는 땅의 복보다 하늘의 복(팔복)을 더 사모하며 살고 있는가?

(4) 진짜 복과 가짜 복의 근본적인 차이는 무엇이라고 생각하는가?

4. 결단에의 초청

오늘 우리는 물질만능주의 시대에 살고 있습니다. 많은 사람들이 물질의 신, "맘몬"을 숭배하며 살고 있습니다. 그래서 황금은 인생의 지고한 행복의 얼굴이 되었고, 성공적인 삶의 목표가 되었습니다.

미국 가정의 80%가 자신의 수입 100% 이상을 소비한다는 통계가 있습니다. 이것이 사실이라면 전체 미국인 50% 이상이 물질의 노예로 전락했다는 증거가 될 수 있습니다. 문제는 이러한 세태가 교회 안에까지 파고들어 신앙인들마저 눈에 보이는 물질의 복을 추구하며 산다는 점입니다. 예수님을 믿으면 가난한 사람이 부요해지며, 병약한 사람이 건강해지고, 실패한 사람이 성공하게 된다는 말이 나도는 것이 어제, 오늘 일이 아닙니다. 그러나 한편 이 말에는 함정이 있습니다. 그것은 세속적인 삶의 원리를 따른 이 말 속에는 예수님이 말씀하신 팔복의 말씀이 들어 설 자리가 없기 때문입니다.

무엇보다 이민생활에서 온갖 유형의 물질적인 탐심을 경계합시다. 언제나 정당한 방법으로 돈을 법시다. 그리고 정당하게 번 돈을 하나님의 뜻대로 남을 위해 선용합시다. 부자가 되는 것은 절대로 그리스도의 제자가 추구해야 할 삶의 목표가 아닙니다. 제자는 하늘에 속한 영혼의 복(팔복)을 받은 사람입니다. 그 받은 복을 통해 하나님의 거룩하신 부르심(사명)에 올바로 응답하는 사람이 됩시다!

제4과

믿음의 사람

마태복음 8:5-13

1. 성경 이해

본문은 이방 사람인 백부장의 믿음으로 그의 하인이 고침 받은 치유 이야기이다. 백부장의 믿음에 초점을 맞추어 다음과 같이 본문의 내용을 구분할 수 있다.

(1) 백부장의 믿음: 사랑의 돌봄 (5-7절)
(2) 백부장의 믿음: 겸손의 복종 (8-9절)
(3) 백부장의 믿음: 축복의 통로 (10-13절)

백부장의 믿음: 사랑의 돌봄

백부장은 군졸 100명을 거느린 로마 군대 장교이었다. 그 당시 로마의 육군은 소수의 군단(legion)으로 구성되어 있었는데, 한 군단 안에는 대개 10개의 대대가 있었다. 각 대대에는 중대가 셋이 있었고, 한 중대 안에는 두 개의 소대가 있었다. 바로 이 소대를 센츄리 (Century) 라고 불렀는데, 이 소대의 지휘관이 백부장(Centurion)이었다. 9절에 기록된 대로, "나도 남의 수하(手下)에 있는 사람이요"라고 말한 것을 보면 백부장은 그다지 큰 지위를 갖고 있었던 것은 아니지만, 그래도 자기 밑에 군사들을 거느리며 명령을 내릴 수 있는 지휘관(소대장)의 권세를 갖고 있었다. 그 당시 로마 군대의 전력은 각 군단의 백부장들을 핵심으로 하고 있었다. 아무리 탁월한 장군과 전술이 있다고 해도 막상 전투가 벌어졌을 때, 백부장들이 제 역할을 해주지 못하면 승리를 기대할 수 없었다. 백부장의 임무는 자기 수하의 군인들을 훈련시키고 무기, 군복, 식사 등을 점검하고 전쟁터에서는 직접 자기 부대를 지휘하는 일이었다. 실전에서 이 백부장들이 얼마만큼 용감하게 싸우느냐에 승패가 달려있었기 때문에 그들은 "로마군의 꽃"이라고 호칭되기까지 했다.

어느 날, 예수님이 가버나움에 들어가시게 되었다. 가버나움은 갈릴리 바닷가 북서쪽에 위치한 해변 도시로, 예수님의 갈릴리 지방 사역의 중심지였다 (4:13-16 참조). 예수님이 가버나움에 들어오시자, 백부장 한 사람이 예수님을 찾아와서 "주여 내 하인이 중풍병으로 집에 누워 몹시 괴로워하나이다" 하면서 딱한 사정을 아뢰었다 (8:6). 백부장은 분명히 예수님이 병자들을 치유하는 능력이 있음을 믿고 있었다. 그러기에 다짜고짜 "주님"을 부르며 자기 하인의 병세를 알렸던 것이다.

우리가 여기에서 주목할 것은 자기 아랫사람에 대한 백부장의 애정 어린 돌봄이다. 그 하인은 백부장의 몸종이었다. 그 당시 몸종들은 노예는 아니었다 할지라도 분명히 천민 계층에 속해 있었다. 대부분의 경우에, 몸종이 병에 걸린 것은 주인의 관심사가 될 수 없었을 뿐더러 도리어 주인에게 그 사실이 알려지면 그는 쓸모없는 존재로 여겨져서 버림받을 수도 있었다. 하지만 이 백부장은 천한 자기 몸종이 중풍병에 걸려 괴로워하는 것에 마음이 움직였다. 마치 자기가 병에 걸린 것처럼 괴로워했다. 그 괴로움의 심정을 갖고 주님 앞에 나왔던 것이다. 백부장의 믿음은 일차적으로 천한 자의 아픔을 공감하면서, 사랑으로 돌보는 믿음이었다. 백부장의 말을 듣고 선뜻 예수님은 "내가 가서 고쳐 주리라"라고 말씀하셨다. 평소 병든 자들의 고통에 마음 아파하시는 예수님의 심정이 백부장의 그 심정과 통했는지도 모른다.

백부장의 믿음: 겸손의 복종

자기 몸종의 병을 당장에 "가서 고쳐 주리라"는 말씀을 듣고 백부장은 예수님의 귀를 의심케 할 정도로 (10절, "예수께서 들으시고 놀랍게 여겨") 다음과 같이 대답했다: "주여 내 집에 들어오심을 나는 감당하지 못하겠사오니 다만 말씀으로만 하옵소서 그러면 내 하인이 낫겠사옵나이다 나도 남의 수하에 있는 사람이요 내 아래에도 군사가 있으니 이더러 가라 하면 가고 저더러 오라 하면 오고 내 종더러 이것을 하라 하면 하나이다" (8-9절).

이 대답 속에서 우리는 백부장이 현역 군인으로서 군대의 명령 (권위) 체계에 대해 잘 알고 있음을 감지하게 된다. 군대에서 계급이 낮은 자가 높은 자에게 절대 복종하는 것은 상식에 속한다. 백부장이 그 당연함을 새삼스럽게 강조한 것은 예수님이야말로 최고의 권위를 갖고 계신 분으로 인정했기 때문이다. 즉 군대 계급으로 하면, 예수님은 최고 상관이시기에 그저 명령 (말씀) 한 마디만 하시면 자기 몸종의 병이 나을 것이므로 일부러 집에까지 가실 필요가 없다는 것이다. 한 마디로, 그는 질병의 문제를 권위의 문제와 연결해서 받아들였다. 모르긴 해도 백부장은 예수님의 권위를 사람의 권위가 아니라 초월적인 신의 권위로 믿었을 것이다. 그 권위 앞에서는 세상 어느 것도 꼼짝하지 못할 것을 믿었을 것이다. 그래서 자기 몸종을 붙잡고 있는 병마의 세력마저도 그 권위 앞에 완전히 위압당할 것을 믿었을 것이다. 이와 같이, 백부장의 믿음은 말씀 명령의 신적 권위를 가지신 예수님 앞에서 자신의 무가치함을 자각하고 엎드리는 겸손의 복종을 수반한 믿음이었다.

백부장의 믿음: 축복의 통로

백부장의 대답을 들으시고 예수님은 깜짝 놀라 그의 믿음을 극구 칭찬하셨다: "내가 진실로 너희에게 이르노니 이스라엘 중 아무에게서도 이만한 믿음을 보지 못하였노라" (10절). 백부장은 이방인이었다. 동족인 유대인들도 인정하지 않은 자신의 신적 권위를 인정하는 이방인의 그 믿음은 실로 예수님께는 놀라운 것이었다.

그러고 나서 예수님은 장차 이루어질 열방이 얻을 복에 대해서 말씀하신다: "또 너희에게 이르노니 동 서로부터 많은 사람이 이르러 아브라함과 이삭과 야곱과 함께 천국에 앉으려니와 그 나라의 본 자손들은 바깥 어두운 데 쫓겨나 거기서 울며 이를 갈게 되리라" (8:11-12; 이사야 25:6-8 참조). 이 말씀은 예수님이 품고 있던 반유대적인 사감(私感)을 드러내는 것이 아니라, 장차 이방 모든 나라에 복음이 전파될 것을 예언하는 말씀이다. 바로 백부장의 믿음이 예수님으로 하여금 그를 따르는 제자들에게 이 놀라운 세계 선교의 비전을 미리 내다보도록 하는 매개 역할을 하고 있다.

이제 예수님은 백부장을 향하여 치유 명령을 내리신다: "예수께서 백부장에게 이르시되 가라 네 믿은 대로 될지어다" (13절).

그러자 즉시 백부장의 하인이 나음을 얻었다. 사실, 예수님의 갖고 계신 권위는 어떤 인간적인 조건에 의해 제한받지 않는 초월적인 권위이다. 하지만, 그럼에도 불구하고 예수님의 치유 능력은 인간의 믿음에 예민하게 반응한다. 그것은 믿음이 없는 곳에서 주님은 능력을 행사하지 않으셨기 때문이다. (13:58, "그들이 믿지 않음으로 말미암아 거기서 많은 능력을 행하지 아니하시니라.") 결국, 백부장의 믿음을 통해서 그의 하인이 치유 받은 것은 백부장의 믿음이 축복의 통로가 되었음을 보여준다.

2. 생활 속의 이야기

원거리 기도

백부장의 믿음이 예수께 인정받은 가장 결정적인 이유는 주님께서 그의 하인의 병을 고쳐주려고 집으로 가겠다고 하자, "다만 말씀으로만 하옵소서 그러면 내 하인이 낫겠사옵나이다" (8절) 라고 응답했기 때문이었다. 이것은 주님의 능력이 시공을 초월하여 역사한다는 것을 믿는 고백이다. 오늘도 주님의 능력이 동일하게 역사하고 있음을 우리는 믿어야 한다. 믿을 뿐만 아니라 백부장처럼 그 믿음을 갖고 직접 주님 앞에 나아가야 한다.

영국의 콜린 우크하르트 (Rev. Collin Urquhart) 목사는 사역의 일부로 "천국 신앙 교육 과정"(Kingdom Faith

Teaching Course)이라는 시리즈로 된 오디오 테이프를 무상으로 세계 도처에 공급하고 있다. 특별히 치유와 관련해서 테이프를 듣고 많은 사람들이 간증 편지를 보낸다고 한다.

그 중에 이런 간증이 있다: "우리가 그 테이프로 3주째 공부를 시작하기 며칠 전, 나의 할머니께서 다리를 잘못 절단하게 되었습니다. 그래서 우리는 그 테이프 내용이 격려하는 대로 할머니에게 손을 얹고 그것을 위해 기도를 했습니다. 우리가 기도하던 그 날, 기도가 끝난 바로 직후, 출혈과 진물이 흐르던 것이 멈추었습니다. 그 다음 날, 우리가 붕대를 풀어 보았을 때 그 상처는 완전히 치유되어 있었습니다. 그래서 우리는 우리의 기도를 응답하신 하나님의 능력의 증거에 대해 주님을 찬양했습니다."

(콜린 우크하르트, *치유함을 받으라* 에서 인용
[서울: 기독교 문서선교회, 1988])

우리는 조금도 마음에 의심함이 없이 주님의 그 초월적인 능력을 믿고 기도해야 한다. 또한 원거리 기도의 역사를 믿어야 한다. 그 믿음으로 우리가 살고 있는 이 미국에서 기도할 때, 한국에서 고통당하는 사람들의 문제가 얼마든지 주님의 능력으로 해결될 수 있을 것이다. 문제는 우리에게 백부장이 가졌던 그 믿음이 있는가 하는 것이다. 믿음이 없이는 이러한 주님의 능력을 체험할 길이 전혀 없다.

3. 묵상을 위한 질문

(1) 나는 진정 다른 사람(특히 나의 주된 관심 밖에 있는 사람)의 아픔을 나의 아픔으로 느끼며 주님께 도움을 요청한 적이 있는가?

(2) 주님께서 보실 때 칭찬받을 만한 믿음은 어떤 믿음이라고 생각하는가? 나는 그러한 믿음을 갖고 있는가?

4. 결단에의 초청

백부장은 자신의 믿음으로 다른 사람이 유익을 얻게 하였습니다. 우리는 자기중심적인 믿음을 버려야 합니다. 내 믿음을 통하여 다른 사람들이 유익을 얻도록 해야 합니다. 백부장의 믿음을 통하여 예수님은 제자들에게 장차 세계 열방이 얻을 복을 말씀하셨습니다. 그런 점에서 백부장의 믿음은 열국의 아비가 된 아브라함의 믿음과 일맥상통합니다. 한 개인의 믿음이 주님께 인정받기만 하면 세계 역사의 지평을 뒤흔들 수 있습니다.

우리에게는 이 거시적(巨視的)인 믿음의 안목이 필요합니다. 쩨쩨하게 자신만을 생각하지 말고 세계를 품고 삽시다. 축복의 저장소가 아니라 축복의 통로가 되기를 소원합시다. 믿음의 사람들이 됩시다. 그 믿음으로 다른 사람이 복을 얻을 수 있게 합시다. 그 믿음으로 하나님 나라의 비전이 널리 선포될 수 있도록 합시다!

제5과

인내하는 사람

마태복음 13:1-23

1. 성경 이해

본문은 마태복음서 안에 나오는 다섯 개의 설교 묶음(5:1-7:29; 10:1-42; 13:1-52; 18:1-35; 24:1-25, 46) 가운데 세 번째 묶음에 포함되어 있다. 또한 본문은 마태복음서에 기록된 비유들 가운데 첫 번째로 기록된 비유이다. 본문의 내용은 다음 세 가지로 구분될 수 있다.

(1) 씨 뿌리는 자의 비유 (1-9절)
(2) 비유로 말씀하신 이유 (10-17절)
(3) 씨 뿌리는 자의 비유 해설 (18-23절)

씨 뿌리는 자의 비유

복음서들 안에 나오는 예수님의 비유들은 거의 다 그 초점이 하나님 나라(천국)에 맞추어져 있다. 특별히 마태복음 13장에 나오는 일곱 개의 비유들은(씨 뿌리는 자의 비유; 가라지 비유; 겨자씨 비유; 누룩 비유; 감추인 보화 비유; 진주 비유; 그물 비유) 모두 다 하나님 나라에 관한 비유들이다. 물론 씨 뿌리는 자의 비유는 다른 여섯 개의 비유들과는 달리 서두에 "천국은 마치 …과 같다"는 식의 문구가 없기 때문에 하나님 나라 비유가 아닌 것으로 생각하기 쉽지만 사실은 그렇지 않다. 그것은 이 비유에 대한 해설 부분(18절 이하)의 서두에서 예수님은 밭에 뿌려진 씨를 "천국 말씀"으로 간주하고 있기 때문이다.

씨 뿌리는 자의 비유에서 우선 주목해야 할 것은 그 씨 자체나 그 씨가 떨어진 땅이 아니라, 씨를 뿌리는 사람이다. 여기에서 씨 뿌리는 자는 전혀 신중함을 보이지 않고 있다. 그냥 마구잡이로 씨를 뿌리고 있다. 그래서 뿌려진 씨가 어디에 떨어질지 모르는 상황이다. 결국 그 씨앗들은 사방으로 퍼져 길 가와, 돌밭과 가시떨기, 그리고 좋은 땅에 각각 떨어지게 되었다.

분명히 씨 뿌리는 사람은 상식 밖의 행동을 하고 있다. 뿌려진 씨가 뿌리를 내리고 잘 자라나 열매 맺기를 기대한다면 의도적으로 좋은 땅을 찾아가서 거기에 씨를 뿌려야 할 것이 아닌가! 좋은 결실을 바라는 사람이 어떻게 이런 막무가내식의 행동을 할 수 있는가? 그러므로 우리는 이 비유에 등장하는 씨 뿌리는 자는 정상적으로 밭농사를 짓는 사람이 아니라는 결론에 도달하게 된다. 이것이 바로 씨 뿌리는 자의 비유가 하나님 나라와 상관되어 있는 이유가 된다.

씨 뿌리는 사람은 다름 아닌 하나님 나라(보다 정확히 "천국 말씀")를 위해 일하는 사람이다. 세상 사람들 눈에 비록 그의 행동이 어리석게 (비상식적으로) 보인다 하더라도, 그래서 때로 스스로 생각하기에도 헛수고(낭비)하는 것 같아 보인다 하더라도, 반드시 그 행동에 대한 좋은 결과가 있다는 가르침인 것이다.

비유로 말씀하신 이유

여기에서 우리는 비유의 문자적인 의미를 파악할 필요가 있다. "비유"를 가리키는 희랍어 원어는 "파라볼레이"(παραβολή)로써 본래 "옆에 놓는다", 혹은 "옆에 던진다"는 뜻이다.

따라서 비유는 어떤 한 가지 주제를 가르칠 때에 그것을 쉽게 이해하도록 하기 위해서 다른 것을 그 주제 옆에 놓아두는 일이라 볼 수 있다. 설교 중에 등장하는 "예화"(illustration)가 비유의 가장 근접한 실례가 될 수 있다. 말할 것도 없이 설교자들은 설교의 핵심 주제를 잘 이해하도록 청중들을 돕기 위해 예화를 사용한다. 예수님이 비유를 말씀하신 이유도 마찬가지다. 하나님 나라의 가르침을 쉽게 이해하도록 하기 위해서 일상생활에서 흔히 볼 수 있는 사물이나 사건을 들어 말씀하신 것이다.

예수님은 본문에서 비유를 듣는 대상을 "제자들"이 아니라 "그들", 곧 "무리들"로 설정하고 계신다. 10절에 나오는 질문을 보면 ("제자들이 예수께 나아와 이르되 어찌하여 그들에게 비유로 말씀하시나이까") 제자들 자신도 비유가 자기들을 대상으로 주어진 것이 아님을 알고 있다는 사실을 확인할 수 있다. 제자들에게는 비유가 필요치 않은 것이다. 제자들의 질문에 대한 예수님의 대답을 보라. "천국의 비밀을 아는 것이 너희에게는 허락되었으나 그들에게는 아니되었나니" (11절).

여기에서 "천국의 비밀"은 구약성경에서 예언된, 그리고 예수님 자신의 구원 사역을 통해서 궁극적으로 실현될 하나님 나라에 대한 비밀을 말한다. 그것이 비밀인 까닭은 하나님께서 그것과 관련된 사실들을 숨겨 놓으셨기 때문이다. 그러나 제자들에게는 그 비밀이 알려지도록 허락되었다. 그것은 그들이 온 우주 만물과 세상 역사를 다스리시는 하나님의 주권을 인정하고 그것에 복종한 결과로 주어진 은혜이다.

하지만 "제자들"과는 대조적으로 "무리들"은 아직 하나님 나라의 비밀을 알지 못한다. 그것은 그들이 "마음이 완악하여져서 그 귀는 듣기에 둔하고 눈은 감았"기 때문이다 (13:14-15; 이사야 6:9-10 인용문). 바로 이런 이유에서, 즉 "그들이 보아도 보지 못하며 들어도 듣지 못하며 깨닫지 못"하기 때문에 (13절) 예수님은 그들(무리들)에게 비유를 들어 하나님 나라의 비밀을 알게 하려고 하신 것이다.

씨 뿌리는 자의 비유 해설

이제 예수님은 제자들에게 이 비유를 해설하여 주신다. 앞에서도 지적했듯이, 씨 뿌리는 자의 비유는 하나님 나라와 관련되어 있다. 이 비유에서 중요한 것은 "씨"나 "땅"이 아니라, 바로 "사람"이다. 즉 비유의 초점은 씨 뿌리는 자, 곧 "천국 말씀"을 전하는 사람에게 집중되어 있다. 그런데 비유 해설에서 초점은 "땅"에 있다. 그러나 그 네 부류의 "땅"도 결국은 "사람"인 것을 알 수 있다. "땅"은 각각 천국 말씀(씨)을 전해들은 (뿌려진) 사람이 어떠한 반응을 보이고 있는지를 보여준다. 이것을 도표로 그려보면 35쪽에 있는 것과 같다.

천국 말씀을 듣는 사람은 다음 네 가지 부류로 나눌 수 있다. 첫째, 길 가의 사람으로 이것은 마음이 완악하여 도저히 천국 말씀의 씨가 먹히지 않는 상태의 사람이다.

땅 (사람)	반응	이유
길 가	말씀에 대한 **완전한 무반응** (말씀을 듣고도 전혀 깨닫지 못함)	악한 자가 와서 말씀을 빼앗아 버렸기 때문에
돌밭	말씀에 대한 **불완전한 반응** (말씀을 듣고 기쁨으로 받지만 넘어짐)	뿌리가 없기 때문에 (환난과 박해에 약함)
가시떨기	말씀에 대한 **불완전한 반응** (말씀을 들으나 열매를 맺지 못함)	기운이 막혔기 때문에 (염려와 유혹에 약함)
좋은 땅	말씀에 대한 **완전한 반응** (말씀을 듣고 풍성한 결실을 봄)	뿌리가 견고하며 또한 기운이 뚫렸기 때문에

둘째, 돌밭의 사람으로 이것은 일시적인 감정에 이끌려 말씀을 받는 사람이다. 말씀을 듣는 순간만큼은 기쁨이 몰려오지만, 그 후 말씀으로 인해 외적인 "환난"과 "박해"를 당하면 기쁨은 사라지고 고통의 슬픔이 몰려와 넘어지고 만다. 말씀의 뿌리는 결코 일시적인 기분이나 감정 위에 내려질 수 없다.

셋째, 가시떨기의 사람으로 이것은 말씀을 듣고 어느 정도 좋은 반응을 보이다가 결국은 넘어지는 사람을 말한다. 말씀의 기운이 내적인 세상 "염려"와 "유혹"이라는 가시의 기운에 짓눌려 버려 결실할 듯 보이다 그만 주저앉아 버린다.

끝으로, 좋은 땅의 사람으로 이것은 말씀에 대해 완전한 반응을 보이는 사람이다. 말씀을 잘 들을 뿐만 아니라 듣는 대로 깨닫는 사람이다.

2. 생활 속의 이야기

무심코 뿌려져도

우리나라 선교 초창기 호남지역에서 미국 남장로회에 소속되어 활동하던 불 (W. F. Bull) 선교사님의 일화이다. 그 분이 군산지역을 순회하고 있을 때의 일이다. 어느 날 저녁, 애꾸눈의 어떤 사람이 숙소인 여관으로 찾아와 자신을 소개했다. "저는 김씨 성을 가진 사람인데 혹시 저를 기억하시겠습니까?" "글쎄요. 어디서 뵈었는지…" "예, 4년 전 당신이 서울을 향해 가던 중, 길에서 우연히 저와 마주쳤을 것입니다. 그 때 당신은 무심코 별말 없이 전도지 한 장을 제게 주셨습니다." "아, 그랬던가요?" "저는 당신에게서 받은 전도지를 집에 가서 아내와 함께 수십 번도 더 읽었답니다. 그러고 신자가 되기로 작정하였습니다. "그는 불 선교사가 무심코 건네준 전도지를 읽고서 친구 상인(商人)을 통해 복음서를 구입해 읽었고, 박해 당하던 위험한 시절임에도 불구하고 마침내 독실한 기독교 신자가 되었던 것이다. 무심코 던져진 복음의 씨앗 하나가 이처럼 훌륭한 열매를 맺은 것이다.

오늘날 한국 교회와 미국 내에 있는 한국 이민교회의 성장은 무심코 뿌려진 복음의 씨가 어디에선가 뿌리를 내려 열매를 맺은 일과 결코 무관하지 않다. 우리는 모두 천국 말씀의 씨앗을 뿌리는 사람들이다. 당장 우리 눈에 열매가 안 보인다고 해서 씨 뿌리는 일을 게을리 하거나 중단해서는 안 될 것이다. 무심코 뿌려져도 어디선가 열매가 맺혀질 것이기 때문이다.

3. 묵상을 위한 질문

(1) 내가 처음 천국 말씀을 들었을 때 보인 반응은 무엇이었는가? 나는 지금 좋은 땅의 사람이 되었는가?

(2) 천국 말씀의 씨를 뿌리는 자로서 나는 지금까지 얼마나 많은 사람들에게 복음을 전하였는가?

4. 결단에의 초청

예수님은 날이 갈수록 적대자들에 의해 노골적인 반대와 극심한 핍박을 받게 될 것이지만, 자신의 모든 수고가 헛되지 않아 장차 반드시 많은 열매를 거두게 되리라는 확신 가운데 씨 뿌리는 자의 비유를 말씀하셨는지도 모릅니다. 우리가 진정 예수님의 뒤를 따르는 제자라면 "천국 말씀"을 위한 수고가 당장에는 헛된 것처럼 보여도 낙심하지 말고 예상 밖의 놀라운 결실을 보리라는 소망과 확신을 갖고 계속 수고해야 합니다.

전도자에게 필요한 것은 인내입니다. 결실의 희망을 갖고 기다립시다. 중단하지 말고 믿지 않는 영혼들에게 말씀의 씨앗을 뿌립시다. 길 가와 같은 사람, 돌밭과 같은 사람, 가시떨기와 같은 사람이 있을 것입니다. 하지만 좋은 땅과 같은 사람에게 그 씨가 떨어진다면 반드시 열매를 맺히게 됩니다. 그러니 결실의 그 날까지 참고 기다립시다. 제자는 부단히 천국 말씀의 씨를 뿌리는 사람입니다. 그리고 열매가 맺혀질 때까지 참고 기다립시다!

제6과

용서하는 사람

마태복음 18:21-35

1. 성경 이해

본문은 마태복음서에 나오는 네 번째 설교 묶음(18:1-35)의 말미를 장식하고 있는 "용서할 줄 모르는 종의 비유"이다. 본문의 내용은 다음과 같이 구분될 수 있다.

(1) 비유의 서론: "무한정 용서하라" (21-22절)
(2) 용서할 줄 모르는 종의 비유 (23-34절)
(3) 비유의 결론: "진심으로 용서하라" (35절)

비유의 서론: "무한정 용서하라"

베드로는 예수께 죄의 용서와 관련해서 다음과 같은 질문을 던진다: "주여 형제가 내게 죄를 범하면 몇 번이나 용서하여 주리이까 일곱 번까지 하오리이까" (21절). 자기 딴에는 한 일곱 번 정도면 상당히 많이 용서해 주는 일이라 생각하고 질문한 것이다. 여기에서 일곱이라는 숫자는 창세기 4:15에 기록된 바, 범죄자에게 가해지는 형벌의 그 가중치("가인을 죽이는 자는 벌을 칠 배나 받으리라")를 연상케 한다. 자기에게 죄를 범한 사람에게 일곱 배로 복수하는 일과는 정반대로 일곱 번이나 용서해 준다면 그 얼마나 대단한 일인가! 베드로는 그 정도면 예수님도 흔쾌히 받아들이실 것으로 생각했다. 하지만 예수님의 대답은 전혀 뜻밖이었다: "네게 이르노니 일곱 번뿐 아니라 일곱 번을 일흔 번까지라도 할지니라" (22절).

"일곱 번을 일흔 번까지라도"라는 표현은 "77번"으로 해석될 수도 있고 또 "490번"으로 해석될 수도 있다. 어쨌든 중요한 것은 용서의 그 정확한 숫자가 아니다. 사실, 다른 사람의 죄를 단 한 번이라도 진정으로 용서하는 일이 얼마나 어려운 일인가? 과연 우리가 베드로의 제안대로, 일곱 번이라도 제대로 용서할 수 있을까?

그렇다면 "일곱 번을 일흔 번까지" (이것이 "77번"을 말하든, "490번"을 말하든) 용서하라는 말씀은 "무한정 용서하라"는 뜻일 수밖에 없다. 따라서 베드로의 제안과 예수님의 선언 사이에는 용서하는 일의 그 숫자 차이가 아니라 용서의 본질에 대한 사고의 차이가 있음을 알 수 있다. 용서하는 일은 그 수와 정도에 있어서 제한이 없어야 한다.

용서할 줄 모르는 종의 비유

이제 예수님은 용서에 대한 가르침의 요점을 분명히 하려고 비유를 제시한다. 이 비유는 두 가지 장면으로 구성되어 있다. 첫째는 임금으로 묘사된 주인이 어떤 종의 빚을 탕감해 주는 장면이다. 그는 결산할 때가 되어 자기 종들을 불러 모아 채무 관계를 정리하던 중, 자기에게 "만 달란트" 빚진 자를 호출하게 되었다. 여기에서 "달란트" (talent)는 그 당시 통용된 최고의 화폐 단위였다. 그렇다면 "만 달란트"는 어느 정도의 양일까? 예루살렘성경 새

번역(New Jerusalem Bible)은 "만 달란트"를 미국 돈으로 "6,000만 불"로 환산해 놓고 있다 (The New Testament of the New Jerusalem Bible. New York: Doubleday. 1985, p. 66). 이것을 편의상 연봉 "3만 불"을 받는 사람의 경우로 환산하면, 그 사람이 2,000년간 벌어야 할 만큼의 금액이다.

그러므로 한 개인이 "만 달란트"의 빚을 졌다는 것은 도저히 갚을 수 없는 부채임을 강조하기 위한 일종의 과장된 표현이다. 어쨌든 그 빚을 갚을 수 없기에 주인은 "그 몸과 아내와 자식들과 모든 소유를 다 팔아서라도" 부채의 일부를 갚을 것을 명령했다. 그러자 종이 "엎드려 절하며" 통사정을 했다: "내게 참으소서 다 갚으리이다." 이것은 정말 터무니없는 하소연이다. 도대체 무슨 수로 그 많은 부채를 다 갚을 수 있다는 말인가! 그런데 그 종이 엎드려 사정하는 모습을 보고 주인은 불쌍한 생각이 들어 그를 놓아 보내며 무조건 그 빚을 탕감해 주었다.

이제 장면은 바뀌어 빚을 탕감 받은 사람에게 초점이 맞추어진다. 그는 도저히 갚을 수 없는 부채를 탕감 받고 나서 자기에게 "백 데나리온" 빚진 동료를 붙들어 멱살을 잡고 다짜고짜 "빚을 갚으라"고 윽박질렀다. (그 당시 한 데나리온은 일반 노동자의 하루 품삯이었다; New Jerusalem Bible에는 이것을 $200의 금액으로 환산해 놓고 있다.) 그러자 그 동료가 엎드려 "나에게 참아 주소서 갚으리이다" 하며 간구했지만, 매몰차게 감옥에 집어넣었다. 그것을 보고 다른 동료들이 몹시 딱한 생각이 들어 주인에게 가서 그 일을 알렸다. 그러자 주인이 그를 다시 불러 호통을 쳤다: "악한 종아 네가 빌기에 내가 네 빚을 전부 탕감하여 주었거늘 내가 너를 불쌍히 여김과 같이 너도 네 동료를 불쌍히 여김이 마땅하지 아니하냐" (33절). 그런 후에 주인은 진노하여 "그 빚을 다 갚도록" 그 종이 자기 동료에게 한 그대로, 그를 감옥에 집어넣어 버렸다 (34절).

이 비유에 등장하는 "임금"으로 묘사된 "주인"은 바로 하나님을 가리키며, 빚을 탕감 받은 종은 바로 죄를 용서 받은 모든 그리스도인들을 가리킨다. 신약성서에서 "빚" (debt)이라는 용어는 "죄" (sin), 혹은 "과실"(fault)의 의미를 내포하고 있다. 그래서 주기도문의 "우리가 우리에게 죄 지은 자를 사하여 준 것 같이 우리 죄를 사하여 주옵시고"라는 문구에서 (6:12) "죄 지은 자"는 곧 "빚진 자"라는 뜻이며, "사하여 준 것 같이"는 "탕감하여 준 것 같이" 라는 뜻이다.

하나님은 우리가 범한 모든 죄를 (빚을) 무조건 용서(탕감)해 주셨다. "만 달란트" 빚진 자처럼, 도저히 용서(탕감)받을 수 없는 무거운 죄를 (빚을) 용서(탕감)해 주신 것이다. 그렇다면 우리는 "백 데나리온" 빚진 자처럼, 우리에게 가벼운 죄를 범한 다른 사람의 그 죄를 (빚을) 마땅히 용서(탕감)해 주어야 한다. 이것이 바로 이 비유의 요점이다.

비유의 결론으로 넘어가기 전에 우리는 여기에서 한 가지 반복되는 표현에 주목해야 한다. 그것은 바로 "불쌍히 여겨" (18:27), "불쌍히 여김"(33절에서 두 번 나옴)이라는 용어이다. 그런데 원전을 보면, 27절과 33절에 각각 다른 용어가 사용되고 있다. 즉 27절에는 "스플랑크니조마이"(σπλαγχνίζομαι)라는 단어가 (이것은 불쌍한 생각에 그만 내장이 뒤틀릴 정도로 마음이 움직이는 것을 뜻함), 33절에는 "엘레에오" (ἐλεέω) 라는 단어가 (이것은 깊은 동정심을 뜻함) 각각 사용되고 있다. 어쨌든 두 단어 모두 죄인을 향한 하나님의 지극히 불쌍히 여기는 그 긍휼과 자비의 마음을 표현한다. 이 "불쌍히 여기는 마음"이 바로 용서의 동인(動因)이 되고 있는 것이다.

비유의 결론: "진심으로 용서하라"

예수님은 35절에서 비유의 결론을 내리신다: "너희가 각각 마음으로부터 형제를 용서하지 아니하면 나의 하늘 아버지께서도 너희에게 이와 같이 하시리라." 여기에서 두 가지 점을 유념해야 한다.

첫째, 천국의 임금이신 하나님이 나중에 결산하시는 날 (심판의 날)이 온다는 것이다. 이것은 예수님이 이 비유가 "천국은 그 종들과 결산하려 하던 어떤 임금과 같으니"라고 말씀하신 데서 (23절) 이미 드러난 사실이다. 세상에 사는 동안 다른 사람을 용서하지 않으면, 심판의 날 하나님께서도 우리를 용서하지 않으실 것이다.

둘째, 우리는 하나님으로부터 도저히 용서받을 수 없는 죄를 용서받았으므로 당연히 다른 사람의 죄를 용서해 주어야 하는데, 문제는 "마음으로부터" 용서해 주어야 한다는 것이다. 거짓된 용서를 경계해야 한다. 말로는 용서했다고 하면서 여전히 마음에 원한을 품고 있다면 그것은 참된 용서가 아니다. 용서를 하되 진심으로 용서하라는 것이다.

2. 생활 속의 이야기

예수님의 사랑으로

우리는 과연 예수님의 말씀대로 용서를 실천할 수 있을까? 도저히 용서할 수 없는 사람을 무한정 용서하고 진심으로 용서할 수 있을까? 우리는 자신의 힘이 아니라 오직 예수님의 사랑의 능력으로 진정한 용서를 실천할 수 있을 것이다.

미국 어느 도시에 사는 한 한국인이 영주권을 신청해 놓고 약 10년간 온갖 고생을 하면서 영주권 받을 날만을 손꼽아 기다리고 있었다. 10년이 되자 자그마한 가게를 하나 운영하게 되었다. 꿈에도 기다리던 영주권도 나와 한국에서 가족들을 초청할 수 있게 되었다. 그야말로 "아메리칸 드림"이 실현되는 순간이었다.

그런데 어느 날, 강도 세 명이 가게에 들어와 돈을 다 털어 도망가면서 권총을 난사했다. 그는 총에 맞아 죽게 되었다. "고생 끝에 낙이 온다"고 이제 살 만하게 되었는데 그런 참사가 발생한 것이었다. 너무나 비극적인 이 사건은 그 지역에 특종기사로 보도됐다. 결국 그 세 명의 강도는 잡혔다.

장례식 날, 예배를 인도한 목사는 숨진 사람의 아들에게 복음을 전했고, 그는 예수님을 믿게 되었다. 며칠 후, 그 아들은 언론과의 인터뷰에서 "제 아버지를 죽인 세 강도를 저는 예수님의 사랑으로 용서한다"는 말을 했다. 온 도시는 한국 젊은이의 용서의 메시지를 듣고 격찬을 했다. 이 청년의 용서는 자신을 용서한 예수님의 사랑에 근거한 것이었다.

3. 묵상을 위한 질문

(1) 나는 다른 사람에게 용서를 구하는 일이 더 많은가? 아니면 용서를 베푸는 일이 더 많은가?

(2) 나에게는 도저히 용서해줄 수 없는 사람이 있는가? 어떻게 해야 그 사람을 진심으로 용서할 수 있을까?

4. 결단에의 초청

이런 말이 있습니다. "우리가 서로 죽이면 짐승과 같은 것이고, 우리가 서로 정죄하면 사람과 같은 것이고, 우리가 서로 용서하면 하나님과 같은 것입니다." 그렇습니다. 용서하는 일은 하나님의 일입니다. 용서의 동인이 되고 있는 "불쌍히 여기는 (자비와 긍휼의) 마음"이 곧 하나님의 마음이기 때문입니다.

하나님은 우리 인간들을 불쌍히 여기셔서 독생자 예수 그리스도의 생명까지 내어주시며 우리의 모든 죄를 용서해 주셨습니다. 하나님의 사랑은 바로 용서하시는 사랑입니다. 그 사랑이 너무 크고, 깊고, 넓고, 높아 무어라 표현할 길이 없습니다. 그 하늘과 같은 사랑의 용서에 비하면 다른 사람의 죄과는 얼마나 작은 것입니까? 당신에게 여전히 용서할 수 없는 사람이 있습니까? 우선 "그 사람을 불쌍히 여기는 마음을 달라"고 기도합시다. 하나님의 사랑 안에서 무한정 용서하고, 진심으로 용서합시다. 다른 사람의 죄를 용서하는 주님의 제자가 됩시다!

제7과

섬기는 사람

마태복음 20:20-28

1. 성경 이해

본문은 예수님의 십자가의 고난을 이해하지 못하고 하늘의 영광만을 구하는 제자들을 향한 예수님의 교훈을 담고 있다. 본문의 내용은 다음과 같이 구분될 수 있다.

(1) 두 제자의 어머니의 요구 (20-21절)
(2) 예수님의 질문과 대답 (22-23절)
(3) 다른 열 제자의 반응과 예수님의 교훈 (24-28절)

두 제자의 어머니의 요구

예수님이 세 번씩 반복해서 자신의 수난을 예고하셨음에도 불구하고 (16:21; 17:22-23; 20:17-19 참조) 제자들은 전혀 그 말씀의 뜻을 이해하지 못했다. 그들은 예수님이 사람들에게 넘겨져 조롱과 많은 고난을 받으며, 채찍질을 당하고, 심지어 십자가에 못 박혀 죽임을 당할 것은 꿈에도 생각하지 못했다. 그들은 자기들이 믿고 따랐던 예수님을 영광의 주님으로만 생각했을 뿐이다.

이에 대한 증거가 본문에 나타나 있다. 예수님이 세 번째 수난 예고를 끝마치기가 무섭게 두 제자의 어머니가 예수께 절하며 자기의 두 아들에게 영광의 자리를 줄 것을 요구했다. 마태복음서에서는 세베대의 아들의 어머니가 요구하는 것으로 되어 있으나, 마가복음서에서는 세베대의 두 아들인 야고보와 요한이 직접 요구하는 것으로 되어 있다 (마가복음 10:35 참조). 본문에서 그 어머니의 요구에 대한 대답을 야고보와 요한에게 예수님이 하시는 것으로 보아 어머니의 요구는 곧 그 두 제자의 요구인 것을 알 수 있다: "예수께서 대답하여 이르시되 너희는 너희가 구하는 것을 알지 못하는도다" (마태복음 20:22 상반절—여기에서 "너희"는 2인칭 복수로 되어 있기에 예수님은 어머니의 요구를 그 두 제자의 요구로 받아들이셨다). 야고보와 요한은 베드로와 더불어 열두 제자 가운데서도 예수님의 측근 제자들이었다. 그래서 예수님은 가끔 이 세 사람을 따로 데리고 다니실 때가 있었다 (마태복음 17:1; 26:37; 누가복음 8:51 참조). 그렇다면 그들은 누구보다도 예수님의 심정을 더 잘 헤아려야 마땅할 터인데 실상은 그렇지 못했다.

그 어머니가 요구한 것은 바로 이것이다: "나의 이 두 아들을 주의 나라에서 하나는 주의 우편에, 하나는 주의 좌편에 앉게 명하소서" (마태복음 20:21). 그는 평소에 자기 두 아들이 예수님의 총애를 받았기 때문에 예수님이 영광을 얻으실 때 분명히 두 아들이 한 자리씩 차지하게 될 것을 믿었는지도 모른다. 그래서 "주의 나라에서" 펼쳐질 메시아 잔치 자리에서 주인공인 예수님이 왕의 자리에 오르신다면, 자기 아들 하나는 주님의 오른편에, 다른 하나는 주님의 왼편에 앉혀 달라는 요구를 한 것이다.

예수님의 질문과 대답

예수님은 그 어머니의 요구가 곧 두 제자의 요구인 것을 아시고 그들을 향하여 질문하신다: "너희는 너희가 구하는 것을 알지 못하는도다 내가 마시려는 잔을 너희가 마실 수 있느냐" (22절). 그 질문에 대해 두 사람은 당당히 "[우리가] 할 수 있나이다"라고 대답한다.

사실, 훗날 야고보는 헤롯 아그립바에 의해 예루살렘에서 칼로 목 베임을 당함으로써 열두 제자 중 첫 순교자가 되었다 (사도행전 12:2 참조). 하지만 요한은 에베소에서 노년에 자연사(自然死)한 것으로 전해진다.

어쨌든 예수님은 두 제자의 확신에 찬 대답을 들으시고 다음과 같이 말씀하신다: "너희가 과연 내 잔을 마시려니와 내 좌우편에 앉는 것은 내가 주는 것이 아니라 내 아버지께서 누구를 위하여 예비하셨든지 그들이 얻을 것이니라" (23절). 예수님의 이 질문과 대답 속에서 우리는 세 가지 요점을 끄집어 낼 수 있다.

첫째, "내 좌우편에 앉는 것은"이라고 말씀하신 것으로 보아 예수님은 장차 주의 나라에서 영광의 잔치가 있음을 인정하신다. 예수님의 좌우편에 앉을 사람은 누구인지는 몰라도 그 나라의 잔치에서 영예를 얻게 될 것이다.

둘째, 그러한 영예는 반드시 주님의 고난에 참여하는 자가 받게 된다. 22-23절에 반복해서 나오는 "잔"(cup)이라는 용어는 예수님의 십자가의 고난과 죽음을 상징한다 (26:39, 42 참조; 구약성서에서 그 용어는 고난과 시험, 배척과 심판, 그리고 죽음을 상징한다. 예를 들면, 신명기 32:1; 시편 11:6; 16:5; 75:9; 이사야 51:17; 예레미야 25:15-29; 에스겔 23:31-34).

셋째, 사람을 그 영광의 자리에 앉히는 것은 전적으로 하나님 아버지께서 하시는 일이다 (23절 하반절). 예수님은 하나님과의 관계, 즉 부자 (父子) 관계 속에서 어디까지나 주권은 하나님 아버지께 속해 있음을 강조하신다 (마태복음 24:36 참조).

다른 열 제자의 반응과 예수님의 교훈

야고보와 요한의 어머니의 요구를 듣고 다른 열 제자는 화가 치밀었다. 그래서 노골적으로 그 두 사람을 향하여 분을 내었다. 그러자 예수님은 자리싸움을 벌이는 열두 제자 모두를 불러놓고 가르침을 주신다. 한 마디로, 그 교훈의 초점은 섬김(디아코니아, *διακονία*)에 있다. 우선 섬김의 교훈을 분명히 하려고 예수님은 이방의 권력가들의 행세를 말씀하신다. 그들은 자기 자리를 지키려고 세도를 부리며 심지어 권력을 남용하기까지 한다. 본문 20:25 하반절에서 "고관들이 그들에게 권세를 부린다"는 표현을 영어 성경(NRSV)에서는 이방의 권세가들은 "폭군들"(tyrants)로서 자신의 권력을 남용하고 있는 자들로 표현하고 있다.

본문은 단순하게 "너희 중에는 그렇지 않아야 하나니" (26절) 라고 표현하는 것으로 보아 이것은 예수님의 뒤를 따르는 제자들이 취할 태도가 아니다. 도리어 제자들은 서로를 "섬기는 자"가 되어야 한다. 여기에서 "섬기는 자"는 희랍어로서 디아코노스인데, 이것은 본래 음식 시중을 드는 웨이터나 웨이트레스를 뜻한다. 그리고 서로에게 종이 되어야 한다 (26-27절). 신앙 공동체 안에서 섬김의 일은 일방적인 것이 아니라 상호적인 것이다.

이제 예수님은 자신이 세상에 온 목적을 말씀하심으로써 제자들을 향한 섬김의 교훈은 그 절정에 이른다: "인자가 온 것은 섬김을 받으려 함이 아니라 도리어 섬기려 하고 자기 목숨을 많은 사람의 대속물로 주려 함이니라" (28절). 사실 예수님은 하나님의 아들로서 최고 자리에 앉아 만민에게 섬김을 받으셔야 할 분이시다. 그럼에도 예수님은 자신이 사람을 섬기러 왔다고 하신다. 섬기는 것도 모자라 아예 그 귀한 목숨을 내어주러 왔다고 하신다. "대속물"(ransom)은 노예나 전쟁포로를 풀어주기 위해 지불하는 몸값을 가리킨다. 이것과 관련해서 우리는 다음 두 가지 점에 주목해야 한다.

하나는, 예수님은 "많은 사람"의 대속물로 자신의 목숨을 내어주려 오셨다는 사실이다. 히브리 관용법에 의하면, "많은"(many)이라는 용어는 곧 "모든"(all)이라는 뜻이다 (이사야 53:12 참조).

또 다른 하나는, 예수님 자신의 목숨을 "많은 (모든) 사람"의 대속물로 내어주심으로 결국 "많은 (모든) 사람"이 풀려났다는 사실이다. 여기에서 십자가의 신비가 드러난다. 예수님 자신이 십자가에 묶임으로써 죄와 죽음의 사슬에 묶임 당한 사람들이 풀려났다. 그러므로 "많은 (모든) 사람"을 위해서 자신의 목숨을 대속물로 내어주신 것은 예수님 자신이 대신 종이 되어 종노릇하는 사람들을 풀어주시려는 그 의지의 소산으로 볼 수 있다.

2. 생활 속의 이야기

자리싸움

사람은 누구든지 높은 자리에 앉고 싶어 한다. 서로 그 자리를 차지하려고 아귀다툼을 버린다. 권세욕, 명예욕, 그리고 물욕이 자리싸움의 주된 원인일 것이다. 물론 당사자가 성실히 노력하여 자리에 올라앉는 것을 탓할 사람이 누가 있겠는가? 문제는 크게 되고 으뜸이 되려고 수단과 방법을 가리지 않는데 있다. 그래서 경쟁자를 물리치려고 온갖 술수를 부리며 상황을 조작하고 중상모략을 하며 이간(離間)을 시키기는 일도 서슴지 않는다.

그런데 이 자리싸움이 세상의 권력가들 사이에서만 벌어지는 것이 아니라는데 우리의 아픔이 있다. 고난의 죽음을 예고하신 예수님 앞에서 열두 제자가 자리싸움을 벌이며 얼굴을 붉혔던 것처럼, 교회 안에서도 십자가 앞에서 자리싸움이 벌어지고 있다.

교회 안에서의 자리는 직분과 관련되어 있다. 한인연합감리교회에서 수임하는 집사, 권사, 장로의 직분은 어디까지나 신령직이다. 신령직은 무슨 계급직이나, 권세직이나, 명예직이 아닌 것이다. 더 많이 섬기라고, 더 많이 종노릇하라고, 더 많이 고난의 십자가를 지라고 하나님께서 맡겨주신 직분인 것이다. 그럼에도 불구하고 성도들이 이러한 신령한 직분(자리)을 놓고 얼굴을 붉히는 일이 있다면, 교회가 시련을 당하게 될 것이며, 결국 주님께 책망 받게 될 것이다.

3. 묵상을 위한 질문

(1) 교회 안에서 섬김을 실천할 수 있는 일들은 구체적으로 어떠한 것들이 있을까? 나는 지금 어떤 분야에서 섬김의 일을 하고 있는가?

(2) 내가 속한 교회의 직분자들은 진정 섬김의 지도력을 발휘하고 있는가? 그렇지 못하다면, 그 주된 원인은 무엇이며 또한 그 해결책은 무엇인가?

4. 결단에의 초청

예수님은 우리에게 크게 되고 으뜸 되는 비결을 확실하게 가르쳐 주셨습니다. 그것은 섬기는 자가 되라는 것입니다. 또한 종이 되라는 것입니다.

우리는 예수님을 닮기를 원합니다. 그렇다면 예수님처럼 섬김의 종이 되어야 합니다. 그런데 이 섬김의 일은 억지로 해서는 안 됩니다. 자원하는 마음으로 해야 합니다. 앗시시의 성 프랜시스(St. Francis of Assisi)가 이런 말을 했습니다: "우울하거나 쌀쌀맞은 모습은 전혀 섬기는 자의 모습이 아니다."

그렇습니다. 남들이 알아주지 않아도 그저 묵묵히 자신의 자리에서 기쁜 낯으로 최선을 다합시다. 명예를 탐하지 말고 멍에를 짊어집시다. 제자는 섬기는 사람입니다. 사랑으로 종노릇하는 사람이 됩시다!

제8과

준비하는 사람

마태복음 25:1-13

1. 성경 이해

마태복음 25장을 구성하고 있는 세 개의 비유가 (열 처녀 비유; 달란트 비유; 양과 염소의 비유) 모두 마지막 심판과 관련되어 있다. 그 중에서 본문은 천국의 비유로써, 예수님의 재림(파루시아, $\pi\alpha\rho o \upsilon \sigma i\alpha$)을 준비하는 것으로 그 핵심 주제를 삼고 있다. 본문의 내용은 다음과 같이 구분될 수 있다.

(1) 신랑을 맞으러 나간 열 처녀 (1-4절)
(2) 미련한 다섯 처녀의 요구 (5-9절)
(3) 미련한 다섯 처녀의 애원 (10-13절)

신랑을 맞으러 나간 열 처녀

당시 유대인의 혼인예식에서는 신부가 주로 자기 친구들인 열 명의 처녀 들러리를 세우는 것이 관례였다. 신랑이 신부를 데리고 가려고 신부 집에 오면, 이 열 명의 들러리들은 혼인예식이 거행되는 신랑의 집까지 신부와 동행하였다. 혼인예식은 주로 밤에 거행되었기에 들러리들은 구리 그릇이 달린 장대 횃불이 필요하였다. 본문에 나오는 등불은 바로 이 횃불을 가리키는 것이다. 이 비유에서 미련한 다섯 처녀들은 횃불을 계속 밝히기 위해 기름을 충분히 준비하지 못함으로 낭패를 당했다. 예상보다 신랑이 늦게 옴으로써 졸다가 잠에 빠진 동안 기름은 점점 줄어들고 마침내 신랑이 당도했을 때에는 횃불은 가물가물 꺼져가고 있었던 것이다. 결국, 기름을 넉넉히 준비하여 불을 환히 밝힌 슬기로운 다섯 처녀들만 신부와 함께 신랑집에 도착하여 잔치에 참여하게 되었다.

이러한 진술은 본문의 배경을 이해하는데 약간의 도움을 줄 수는 있지만, 이 비유의 요점을 끄집어내는 데는 별반 도움이 되지 않는다. 따라서 이 비유의 주요 사건(혼인잔치)과, 여기에 등장하는 주요 인물(신랑, 처녀들)과, 그리고 소재(등, 기름)가 무엇을 상징하는지를 파악하는 것이 요점을 이해하는데 있어서 더 중요한 것이다. 즉 이 비유는 당시 유대인의 혼인예식에 대한 역사적인 정보를 주는 것이 주목적이 아니라, 독자들(초대교회 성도들)에게 신앙적인 훈계를 주는 것이 주목적이라는 말이다. 그러므로 우리는 이 비유를 "풍유적으로" (allegorically) 해석해야 한다. 이러한 해석은 본문에 드러나 있는 보조(補助) 개념 뒤에 숨겨진 원 (原, original) 개념을 추적하는 작업이라고 할 수 있다.

이 비유는 천국에 관한 비유이다. "그 때에 천국은 마치 등을 들고 신랑을 맞으러 나간 열 처녀와 같다 하리니" (1절). 따라서 혼인잔치는 곧 천국을 상징하는 것임을 알 수 있다 (22:1-10 참조).

그렇다면 신랑은 누구인가? 말할 것도 없이 한밤중에 나타난 신랑은 아무도 "생각하지 않은 때에" (24:44), 갑

자기 "도둑 같이" (데살로니가전서 5:2) 오실 예수님을 가리킨다.

그리고 열 처녀는 예수님의 재림을 기다리는 모든 그리스도인들을 가리킨다. 2절에서 열 처녀는 "미련한" 처녀와 "슬기로운" 처녀, 이렇게 두 부류로 나눠지며 (마태복음 25장에 나오는 다른 두 개의 비유에서도 이러한 종류의 구분이 나온다), 또한 3-4절에는 열 처녀를 두 부류로 구분 짓는 그 기준이 나온다. 등은 준비했지만 기름을 충분히 준비하지 않은 처녀는 미련한 것이고, 등과 아울러 기름을 충분히 준비한 처녀는 슬기롭다는 것이다.

그렇다면 등과 기름은 무엇을 상징하는 것인가? "등"은 "믿음"을 상징한다. 보다 넓은 의미에서 내적인 경건심을 상징할 수 있다. 어쨌든, 열 처녀가 모든 그리스도인들을 상징한다면, 그들 모두 등을 갖고 있었다는 것은 예수 그리스도에 대한 믿음을 갖고 있었다는 말이 된다. 믿음이 크든지 약하든지, 또는 많든지 적든지 상관없이 그리스도인들이라면 누구나 예수님께 대한 믿음을 갖고 살아간다.

그렇다면 열 처녀를 미련한 자와 슬기로운 자로 구분 짓는데 결정적인 기준이 된 "기름"은 무엇을 상징하는 것인가? 기름은 "행함"을 상징한다. 이것은 대다수의 신약학자들 사이에 일치된 견해이다. 고대 유대교 교사들은 "기름"을 "선행"(good works)으로 간주하였다. 예수님도 산상수훈에서 제자들의 "착한 행실"을 세상을 비추이는 "빛"의 역할과 관련지으셨다 (5:16). 제자들에게 "선행"의 기름이 있어야 세상에 "빛"을 비출 수 있다.

이제 이 비유가 가르치려는 요점이 분명해진다. 그것은 예수님의 재림을 철저히 준비하라는 것이다. 등(믿음)만 갖고 준비하지 말고 등(믿음)과 기름(행함)을 동시에 갖고 준비하라는 것이다. 한 마디로, 실천적 그리스도인이 되라는 것이다.

미련한 다섯 처녀의 요구

5절부터 비유의 장면이 바뀐다. 열 처녀 모두 등불(횃불)을 준비해 놓고 신랑을 기다렸지만, 한참을 기다려도 신랑이 오지 않자 그들 모두 졸다가 잠이 들고 말았다. 그런데 한밤중에 "보라, 신랑이로다! 맞으러 나오라!"는 소리가 들렸다. 화들짝 잠에서 깬 열 처녀는 신랑을 맞으러 나갈 채비를 하였다. 그런데 미련한 다섯 처녀에게 문제가 생겼다. 그만 등불이 꺼져가고 있었던 것이다 (8절, "우리 등불이 꺼져가니").

사실 그들은 처음부터 기름을 넉넉히 준비하지 않았기 때문에 이런 일이 생길 것이라는 것을 예견한 것이었다. 그들은 어쩔 수 없이 기름을 잔뜩 준비해 놓은 슬기로운 처녀들에게 사정을 하였다. 하지만 그들은 냉정했다. 기름을 미처 충분히 준비하지 못한 그 미련한 다섯 처녀들의 요구는 거부되었다: "…우리와 너희가 쓰기에 다 부족할까 하노니 차라리 파는 자들에게 가서 너희 쓸 것을 사라" (9절).

그리스도인들은 반드시 기름을 넉넉히 준비해야 한다. 내적이며 개인적인 경건(등/믿음)과 아울러 외적이며 사회적인 경건(기름/행함)을 갖추어야 한다. 그리스도인의 믿음은 반드시 행실로 그 빛이 나야 한다. 그것은 행함이 없는 믿음은 그 자체가 죽은 것이기 때문이다 (야고보서 2:17).

미련한 다섯 처녀의 애원

미련한 다섯 처녀는 상황이 긴박함을 느끼고 부랴부랴 기름을 사러 나갔다. 하지만 이미 때는 늦었다. 그들이 기름을 사러 간 사이에 그만 신랑이 오고 말았던 것이다 (10절). 겨우 기름을 사서 등불을 밝히고 와 보니 이미 상황은 변했다. 슬기로운 처녀들은 신랑과 함께 혼인잔치에 들어갔고, 문은 닫혀 버렸다. 그렇다고 포기할 수는 없었다. 있는 힘을 다해 소리쳐 애원하였다: "주여 주여 우리에게 열어 주소서" (11절). 하지만 안에서 들리는 소리는 냉혹하였다: "내가 너희를 알지 못하노라" (12절). 예수님은 다음과 같은 말로 비유를 결론지으셨다: "그런즉 깨어 있으라 너희는 그 날과 그 때를 알지 못하느니라" (13절).

여기에서 이 비유를 해석하는데 있어서 중요한 열쇠가 되는 표현은 10절에 나타나 있는 "준비하였던 자들"이다. 물론 슬기로운 처녀들이 준비한 것은 등불을 밝힐 기름이었다. 하지만 미련한 처녀들이 준비한 등에도 기름이 전혀 없었던 것이 아니다. 단지 충분하지 않았을 뿐이다. 그렇다면 왜 그들은 기름을 충분히 준비하지 않았는가? 그 이유는 자명하다. 그들 생각에 신랑이 빨리 올 줄 알았기 때문이다. 하지만 아무리 기다려도 오지 않았다. 그래서 점점 기름이 타들어가 등불마저 꺼질 형편에 놓이게 되었던 것이다.

따라서 이 비유의 요점은 크게 두 가지로 부각될 수 있다. 하나는, 그리스도인들은 언제든지 깨어서 예수 그리스도의 재림을 준비해야 한다는 것이다. 보다 정확히, 예수님이 속히 오지 않는다고 체념하거나 예수님을 맞을 준비를 게을리 하지 말아야 한다는 것이다. 예수님이 더디 오시더라도 끝까지 참고 기다리며 천국에 들어갈 만반의 준비를 해야 한다는 것이다.

또 다른 하나는, 앞에서 지적했듯이 행함의 기름을 충분히 준비해야 한다는 것이다. 예수 그리스도의 재림을 사모하며 거룩하고 착하며 의로운 행함의 열매를 풍성히 맺으며 살아야 한다는 것이다. 행함 있는 믿음으로 온전한 예수 그리스도의 제자의 삶을 살아야 한다는 것이다.

2. 생활 속의 이야기

유비무환 (有備無患)

미국의 동북부에 사는 사람들은 누구나 경험하는 일이다. 가을이 한창 무르익어 곧 초겨울이 될 때에 갑자기 계절답지 않게 따뜻한 날씨가 잠간 이어진다. 이 기간을 "인디안 여름"(Indian Summer)이라고 부른다. 그 지역을 처음 방문하는 사람들은 조만간 추위가 몰아닥칠 것을 미처 생각하지 못하고 여름철로 착각하여 계속 관광을 즐긴다. 그러다 하루아침에 기온이 떨어지면 낭패를 당한다. 하지만 그 지역의 계절을 잘 아는 주민들은 그 짧은 기간 동안 겨울의 혹독한 추위를 준비하는 데 사용한다. 폭설과 눈사태와 얼음비를 방어하기 위해 혼신을 다한다. 그렇게 단기간, "인디안 여름"에 겨울 준비를 한 사람들이라면 당장 겨울이 와도 아무 걱정이 없는 것이다. 우리도 이렇게 예수님의 재림을 준비해야 한다. 예수님이 내일 당장 오신다고 해도 어엿이 주님 앞에 설 수 있도록 말이다.

3. 묵상을 위한 질문

(1) 나는 지금 예수님을 맞이할 준비를 하고 있는가? 예수님을 맞이하기 위해 내가 가장 시급히 준비해야 할 것은 무엇인가?

(2) 나의 믿음은 행함과 조화를 이루고 있는가? 믿음을 실천하기 위해서 나는 지금 무슨 일을 하고 있는가?

4. 결단에의 초청

승천하신 예수님은 2,000년이 지난 지금까지도 오시지 않고 있습니다. 하지만 예수님이 더디 오신다고 방심해서는 안 됩니다. 우리가 슬기로운 그리스도인들이라면 반드시 예수님이 다시 오실 것을 믿고 준비해야 합니다. 영광스런 혼인잔치에 참예할 것을 고대하며 준비합시다. 하나님의 승리의 약속을 믿고 소망 중에 인내하며 준비합시다. 그런데 예수님의 재림을 간절히 사모한다고 하여 마땅히 우리가 행해야 할 일들을 소홀히 해서는 안 됩니다. 결코 현실도피를 해서는 안 됩니다. 하루하루 맡겨주신 일에 최선을 다하며 살아야 합니다. 견고하여 흔들림 없이 주님을 섬깁시다. 작은 일이지만 이웃에게 선행을 베풉시다. 그럴 때에 우리가 들고 있는 등불은 환히 그 불빛을 발하게 될 것이고 언제라도 신랑 되신 예수님을 기쁨 중에 맞이할 수 있게 될 것입니다. 믿음의 착한 행실로 깨어 예수님의 재림을 준비하는 사람이 됩시다!

제9과
제자 삼는 사람
마태복음 28:16-20

1. 성경 이해

본문은 예수님이 승천하기 전 제자들에게 주신 "지상 대명령"(The Great Commission)을 담고 있다. 본문의 내용은 다음과 같이 구분될 수 있다.

(1) 지상 대명령을 위한 준비 (16-18절 상반절)
(2) 지상 대명령의 하달 (18절 하반절-20절)
  1) 선언 (18절 하반절)
  2) 명령 (19-20절 상반절)
  3) 약속 (20절 하반절)

지상 대명령을 위한 준비

마태복음서 기자는 이야기 형식으로 예수님의 지상 대명령을 위한 준비 작업을 설정하고 있다. 가룟 유다를 제외한 열한 제자가 예수님이 지시하신 갈릴리의 어떤 "산"에 집합하게 되었다. 마태복음에서 "산"은 하나님의 계시가 나타난 장소로 부각되어 있다. 예를 들면, 예수님은 산에서 연속 설교를 시작하셨고 (5:1), 산에서 홀로 기도하셨으며 (14:23), 산에서 병자들을 치료하기도 하셨고

(15:29), 또한 산에서 그 모습이 변형되셨다 (17:1). 이제 예수님은 하나님께로 올라가기 전, 산에서 유언과도 같은 지상 대명령을 내리신다.

예수님이 말씀을 시작하기 전, 제자들은 영화로운 부활의 몸을 입으신 예수님을 보고 기쁨과 두려운 마음으로 그 발 앞에 엎드려 경배하였다. 그런데 그들 중에는 아직도 예수님을 의심하는 자들이 있었다 (17절). 여기에서 "의심하다"(디스타조, $\delta\iota\sigma\tau\acute{\alpha}\zeta\omega$)라는 용어는 신약성경 가운데 오로지 마태복음서에서만 사용된 것으로써 "믿기를 주저하는 상태"를 뜻한다. 다시 말해, 이론상의 완전한 회의(懷疑)보다는 심정상의 불완전한 믿음, 곧 "적은 믿음"을 가리킨다 (14:31 참조). 예수님의 부활을 직접 목격한 제자들조차도 마음에 이러한 의심이 일어났다는 것은 예수님의 부활 사건 그 자체가 사람들에게 완전한 믿음을 불러일으키지 않았다는 것을 보여준다.

지상 대명령의 하달

예수님의 지상 대명령은 물론 당시 그 현장에 있었던 열한 제자에게 직접 주어진 것이지만, 예수 그리스도를 따르는 모든 제자들이 그 명령을 수행하고 있음을 알 수 있다. 지나간 2,000년 동안 선교를 통해서 그 명령이 수행되어져 왔고, 지금도 우리들을 통하여 계속 수행되고 있다. 이제 그 명령의 내용이 어떠한지 살펴보자.

(1) 선언 (declaration): "하늘과 땅의 모든 권세를 내게 주셨으니" (18절 하반절)—예수님은 죽으시고 다시 살아나심으로써 이제 곧 만왕의 왕, 만주의 주로 하나님 우편에 앉게 될 것을 선언하셨다. 물론 예수님은 지상에서

도 그 "권세"를 행사하였지만, 하늘로 올라가시게 되면 완전히 상황이 달라진다. 하나님 아버지께로부터 권세를 부여받아 우주를 다스리는 완전한 통치자의 지위를 얻게 될 것이다. 이렇게 "범"(凡)세계적이며 "전"(全)우주적인 통치자 되신 예수님이 내린 지상 대명령의 진술 속에 "모든"이라는 수식어가 반복해서 등장하는 것은 의미심장한 일이다 ("모든" 권세… "모든" 민족… 너희에게 분부한 "모든" 것… "항상" [원전에 문자적으로, "모든" 날]).

(2) 명령 (command): "그러므로 너희는 가서 모든 민족을 제자로 삼아 아버지와 아들과 성령의 이름으로 세례를 베풀고 내가 너희에게 분부한 모든 것을 가르쳐 지키게 하라" (19-20절 상반절)—이 명령을 수행하기 위해서는 무엇보다 우리가 안주(安住)하고 있는 현장을 떠나야 한다. 그래서 예수님은 우선 "가라"고 명하신 것이다. 이것은 과거에 사명자들을 보내셨던 하나님의 엄중한 명령처럼 들린다 (창세기 12:1; 출애굽기 3:10; 이사야 6:9). 그렇다면 우리는 무엇을 위해서 가야만 하는가?

첫째, 우리는 모든 민족을 제자로 삼기 위해서 가야만 한다. 교회의 존재 이유는 예수님을 알지 못하는 모든 사람들을 예수 그리스도의 제자로 만드는 것이다. 이것은 예수님이 지상에서 행하셨던 일이기도 하다. 어부들과 세리들과 그 당시 사회에서 버림받은 수많은 사람들을 불러 제자를 삼으셨던 예수님을 본받아 그를 따르는 제자들이라면 반드시 수행해야 할 일이다.

둘째, 우리는 아버지와 아들과 성령의 이름으로 세례를 베풀기 위해서 가야만 한다. 여기에서 세례의 중요한 의미가 등장한다. 세례는 제자 된 자들로 하여금 하나님과 예수님, 그리고 성령님 사이에 내재하는 친밀한 사랑의 관계 속에 살게 만드는 일이다. 따라서 세례 받은 사람들은 누구든지 하나님의 가족의 일원이 되어 하나님의 보호하심 가운데 살게 된다. (28:10에서 예수님은 제자들을 가리켜 "내 형제들"이라고 호칭하셨다.)

셋째, 우리는 예수님이 분부하신 모든 것을 가르쳐 지키게 하기 위해 가야만 한다. 교회가 이방민족들에게 복음을 들고 나가는 것은 과거에 십자군처럼 절대로 "오만한 점령군"의 모습으로 나가는 것이 아니라 "겸손한 교사"의 모습으로 나가는 것이다. 그러한 모습으로 예수님이 생전에 가르치셨던 바, 사랑과 용서와 평화와 공의를 가르치며 지키게 해야 한다.

(3) 약속 (promise): "볼지어다 내가 세상 끝날까지 너희와 항상 함께 있으리라" (20절 하반절)—이방민족에게 나아가 이 명령을 수행할 때에 얼마나 많은 어려움이 있겠는가? 심지어 생명을 바칠 비장한 각오가 요청되는 일이다. 예수님도 세상에서 하나님의 명령을 수행했을 때, 그러한 죽음의 고통을 겪으셨다. 하지만 예수님은 승리하셨다. 따라서 예수님의 이 약속은 승리자의 약속이다. 그런데 이것은 전 세계 모든 지역에서 펼쳐지는 선교 사역마다 완전히 성공할 것을 보장하는 약속이 아니다. 도리어 예수 그리스도 안에서 그 명령을 수행하는 사람들을 하나님께서 그냥 내버려 두지 않으시겠다는 약속이다. 그 약속대로 예수님은 지금도 교회의 선교 사역에 현존해 계신다. 이것이 바로 복음의 근간이 되는 "임마누엘" 하나님의 은혜다 (1:23 참조).

2. 생활 속의 이야기

제자훈련의 목적

그리스도인은 제자로 부름 받은 사람이다. 제자로 부름 받았다는 말은 예수 믿고 정기적으로 교회에 다니는 사람이 되었다는 말이 아니다.

"교회 다니는 사람"(church goer)을 과연 "제자"라고 호칭할 수 있겠는가? "제자"(disciple)라면 철저한 "훈련"(discipline)을 받아야만 한다. 흔히 "교인"과 "신자"를 구분하지만, 그것은 올바른 구분이 아니다. 신자라도 훈련받지 않았다면 결코 예수 그리스도의 참 제자라 부를 수 없기 때문이다.

오늘날 많은 교회들이 제자훈련을 실시하고 있는데 반드시 제자훈련의 목적을 점검해야 한다. 제자훈련은 단순히 교인 숫자를 불리기 위한 프로그램이 아니다. 즉 교회성장을 위한 하나의 방편이 아니라는 말이다. 25년간 제자훈련 사역으로 "제자훈련에 미친 사람"이라고 불린 옥한흠 목사의 말이다: "양적 성장을 노리는 제자훈련이라면, 아예 시작도 말라." (옥한흠, *이것이 목회의 본질이다* [서울: 국제제자훈련원, 2004]에서 인용)

제자훈련의 목적은 오직 우리의 영원한 스승 되시는 예수 그리스도의 인격을 닮아 그에게까지 자라도록 삶의 변화를 추구하는 것이다. 제자훈련의 목적은 오직 예수님을 주제로 하여 예수님의 사역을 그대로 이어받게 하는데 있다. 그래서 예수님이 모든 사람들을 불러 제자로 삼았듯이, 말씀으로 철저히 훈련받은 제자들 역시 모든 사람들을 제자로 삼는데 있다.

3. 묵상을 위한 질문

(1) 내가 생각하는 교회의 존재 이유는 무엇인가?

(2) 나는 교인인가 신자인가? 아니면 신자인가 제자인가? 나는 철저한 제자훈련을 받은 경험이 있는가?

4. 결단에의 초청

교회는 "선교"(복음 전도)를 위해 존재합니다. 하지만 선교의 주체가 누구인가라는 물음에는 여러 가지 대답이 나올 수 있습니다. 본문을 통해서 이 물음에 대답을 한다면, 선교의 주체는 예수 그리스도의 제자들입니다. 그들은 예수님의 가르침을 받아 모든 면에 예수님의 인격을 닮은 사람들입니다. 그러므로 교회가 선교 사역을 제대로 수행하려면 제1순위로, 부름 받은 평신도 한 사람을 가르쳐 제자로 만들어야 합니다.

예수 그리스도 안에서 신앙생활의 분명한 목표를 세웁시다. 그리스도의 온전함에 이르도록 훈련을 받으십시다. 교회는 세상으로부터 부름 받은 한 사람이 제자가 되어 세상으로 보냄 받아 다른 한 사람을 그리스도의 제자로 만들기 위해 존재합니다. 다른 사람을 제자 삼는 제자가 됩시다!

www.ingramcontent.com/pod-product-compliance
Lightning Source LLC
Chambersburg PA
CBHW010918040426
42444CB00016B/3442
* 9 7 8 1 4 2 6 7 0 2 8 8 4 *